AF260199

LA
RÉVOLUTION ESPAGNOLE

L'ŒUVRE

DES

CORTÈS CONSTITUANTES

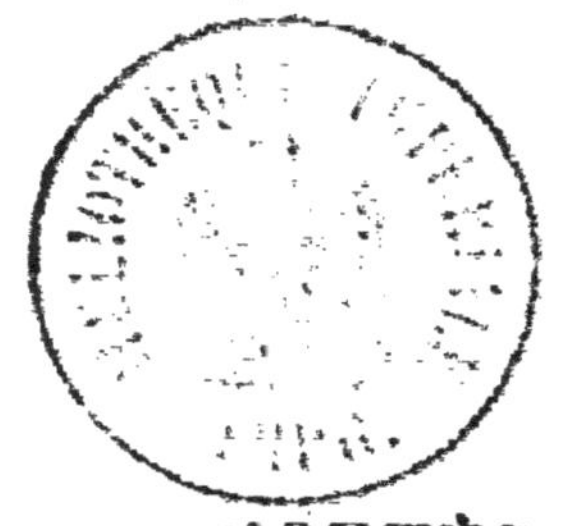

PARIS

E. DENTU, LIBRAIRE-ÉDITEUR,

PALAIS-ROYAL, 17 ET 19, GALERIE D'ORLÉANS

1868

LA
RÉVOLUTION ESPAGNOLE

La presse française, anglaise et belge s'est beaucoup occupée, depuis deux ans, des affaires d'Espagne; dans les graves circonstances que nous traversons, elle nous continue le bénéfice de ses conseils, et peut influer sur la solution cherchée.

Presque tous ces journaux semblent avoir puisé leurs informations exclusivement chez nos émigrés; c'est-à-dire que les faits leur sont parvenus déjà dénaturés par la passion, et qu'ils ont été appréciés d'une façon inexacte.

Il est donc tout naturel pour un Espagnol de venir les discuter avec sincérité et franchise.

Nous n'apportons point, dans ce moment critique, de vaines récriminations.

Écartant toute autre considération que le bien du pays, nous voulons simplement essayer de conjurer les crises futures.

Il est facile, en Espagne, de faire des révolutions radicales — on vient d'en avoir la preuve, — et nous ne serons que trop tentés d'en faire souvent.

Peu importe la modération qui y préside, un pays ne peut prospérer sous le coup d'une pareille menace; il faut donc songer par avance à affermir ce qui va se fonder, et, pour cela, étudier les causes qui ont amené la chute de la dynastie.

I

CAUSES PRÉSUMÉES ET CAUSES RÉELLES DE LA RÉVOLUTION

On semble croire, en Europe, que le pays tout entier s'est uni au mouvement de la marine et de l'armée.

On croit que ce qui a amené la révolution, c'est le sang qu'Isabelle a fait répandre, les violations de la Constitution qu'elle a commises.

Sans nier le discrédit qui frappait le trône, nous croyons trouver la cause principale de la catastrophe dans l'apathie de la nation prise en masse, dans l'ambition et l'orgueil d'un petit nombre.

Cette apathie ne date pas d'hier; et, par cela même qu'ils sont plus anciens, les effets en sont plus profonds, à tel point qu'on doit la considérer comme l'unique cause de nos malheurs.

Mais il est commode de faire peser sur autrui des reproches que l'on mérite soi-même. Aussi accuserons-nous demain de nos propres fautes la république ou le roi que nous allons nous donner, comme aujourd'hui nous en accusons l'exilée du pavillon de Rohan.

L'histoire de ces dernières années — qu'il est indispensable de revoir rapidement — nous montrera la part de responsabilité qui revient à chacun.

Dans les premiers mois de 1863, l'Union libérale tombait du pouvoir. Elle l'avait occupé cinq ans — de 1858 à 1863 — pendant lesquels le pays s'était élevé à une grande prospérité. L'expédition du Mexique et quelques autres incidents malencontreux déterminèrent la chute du maréchal O'Donnell.

La démocratie existait à peine alors. Le parti progressiste était dynastique.

Le mécanisme constitutionnel semblait donc devoir fonctionner régulièrement.

Mais, dans l'automne de cette année, se place un fait grave. Après une circulaire du ministre de l'intérieur, M. Vaamonde, relative aux élections, le parti progressiste déclare qu'elles ne pourront être libres, et qu'en conséquence il s'abstiendra d'y participer.

Nous trouvons là le premier cri d'opposition illégale.

Quelques ministères neutres se succèdent, sans rien ajouter de remarquable à la malheureuse circulaire de M. Vaamonde. Le maréchal O'Donnell et son parti restent dans une attitude expectante jusqu'au mois d'avril 1865.

Le maréchal Narvaez était alors premier ministre.

Le 8 de ce mois, quelques étudiants font à Madrid une manifestation pacifique pour redemander un de leurs professeurs destitué. Il en résulte de l'agitation dans la ville. Le surlendemain soir, les autorités semblent avoir perdu la tête : sans sommations, les soldats font feu sur les groupes; le sang est répandu.

Il est impossible de préciser le nombre des victimes. La vérité est d'accès difficile en certains pays. Les uns avouent cinq morts, les autres en supposent trente et plus; décide qui l'osera.

Les passions grondèrent avec fureur. Au lieu d'exiger le châtiment des agents de cette répression brutale, les libéraux voulurent en faire remonter beaucoup plus haut la responsabilité; l'exagération leur fit manquer le but. Nous eûmes sous les yeux un spectacle écœurant : ici un acte barbare demeuré impuni; là, une violence qui ne respectait rien. Les Cortès, depuis longtemps réduites à l'impuissance, ne purent éviter ce double scandale.

Le péril croissait tous les jours. L'armée se montrait mécontente; la monarchie chancelait déjà, ses jours semblaient comptés.

Isabelle charge le maréchal O'Donnell de former un ministère. Tout s'apaise comme par magie. Jamais on ne vit coup de théâtre plus prodigieux. Ceci se passait en juillet 1865.

Le maréchal avait assuré que, tant qu'il serait ministre de la guerre, pas un régiment, pas un caporal ne se
prononcerait.

L'armée était donc ralliée à l'ordre existant. En quinze
jours, la même Chambre qui donnait une majorité im-
mense au cabinet Narvaez, vote, à la demande de son
rival, une loi électorale destinée à ramener les progressistes devant les électeurs. La presse est assez libre
pour publier tous les jours des vers éhontés sur la
famille royale. Tout est pour le mieux dans le meilleur
des mondes.

Cependant les progressistes persistent dans l'abstention. 1866 arrive. Trois jours de l'année nouvelle ne sont
pas écoulés, que déjà le général Prim est en pleine ré-
volte à la tête de quelques régiments.

Le pays, las d'agitations, amoureux du repos, ne le seconde pas; Prim se réfugie en Portugal.

Et les modérés de dire à O'Donnell : « Vous voyez
» bien que l'armée ne vous est pas fidèle; comment
» voulez-vous qu'elle le soit avec la licence de la presse? »
Poussés par cette avidité impatiente qui caractérise les
partis en Espagne, au risque de désorganiser le gouvernement en face du danger, ils veulent le renverser à
l'instant.

Le maréchal soutint que ce n'était là qu'un accident
qui ne se renouvellerait pas; qu'il allait réorganiser l'armée, disloquée par les modérés l'année précédente; que

la liberté de la presse était indispensable; qu'il répondait de tout.

Il resta au pouvoir.

Le 22 juin au matin, une des insurrections les plus formidables dont on ait mémoire dans cette terre classique des soulèvements militaires, ensanglanta les rues de Madrid.

Les généraux de l'Union libérale étaient nombreux et braves; cette fois les généraux modérés leur apportèrent leur concours. L'effet moral de cet accord inaccoutumé des chefs fut grand parmi les troupes. Des régiments gagnés par la révolution se laissaient conduire contre elle quand ils voyaient un maréchal à la tête de cinquante hommes allant au feu comme un lieutenant. Dès le milieu de la journée, l'insurrection était vaincue.

Cependant l'alarme avait été chaude. Aussi, dès le lendemain, le ministère O'Donnell demandait-il aux Chambres, pour combattre les tendances anarchiques trop développées, la suspension des garanties constitutionnelles. Il ne s'agissait plus, comme en février, de conserver les libertés intactes; on avouait la nécessité d'une répression énergique.

Ses adversaires rendirent justice à la brillante bravoure déployée par les membres du cabinet. Ils accordèrent la suspension des garanties constitutionnelles que celui-ci représentait comme nécessaire, et, tout en l'accordant, ils ne manquèrent pas d'affirmer qu'ils avaient depuis longtemps mieux jugé la situation; qu'on aurait pu prévenir les malheurs du 22 juin.

Ils ne manquèrent pas non plus de faire sentir au maréchal O'Donnell combien était étrange le contraste entre les assurances données par lui de la fidélité de l'armée tant qu'il serait à sa tête, et le fait de deux soulèvements militaires en moins de six mois. Au reste, ajoutaient-ils, cela n'a rien d'étonnant; vous avez, là comme ailleurs, laissé périr le principe d'autorité. L'Espagne a besoin qu'on le relève, et c'est à nous qu'il appartient de le tenter.

Ce raisonnement semblait assez juste. Le besoin d'une politique répressive étant reconnu, il paraîtra toujours naturel de la voir pratiquée par les conservateurs, et les libéraux ne pourront que perdre à s'en charger.

Le 11 juillet, le maréchal Narvaez remplaçait donc à la présidence du conseil le maréchal O'Donnell.

Celui-ci se plaça dès lors et plaça son parti dans une attitude qui a occasionné la révolution. Il ne faut point s'y tromper. Sans l'Union libérale, la révolution ne se faisait pas. Le journal le plus démocratique de Madrid, *El Pueblo*, disait l'autre jour : « Sans l'Union libérale, nous serions morts dans l'exil, ne l'oublions jamais. »

Nous reviendrons plus tard là-dessus. Bornons-nous pour l'instant à examiner si la Reine Isabelle viola la Constitution en renvoyant un cabinet qui avait la majorité parlementaire.

Et d'abord, qu'on nous dise combien de cabinets ont été formés légalement, par le vote des Chambres? Très-peu. Combien par la force, contre la volonté de l'ex-Reine? Un grand nombre.

Et si nous comptons les mouvements militaires avortés, c'est bien pire ; on peut affirmer sans exagération qu'en dehors des cinq années de 1858 à 1863, il y a eu en moyenne une insurrection militaire par an. Or, chaque fois qu'elle était vaincue, il est évident que le cabinet ne se maintenait ni par le vote de la Chambre, ni par la volonté de l'ex-Reine, mais par la force.

Dans un pareil pays, peut-on exiger de la Couronne seule qu'elle respecte rigoureusement les lois?

D'après la lettre de notre loi fondamentale, Isabelle avait le droit de faire ce qu'elle a fait. Au titre VI, article 45, paragraphe 10, on lit qu'une des attributions de la Couronne est celle de « nommer et révoquer librement les ministres. » Cela est décisif.

Mais la pratique constitutionnelle de l'Angleterre, par exemple, est que le monarque se guide en général sur l'opinion de la Chambre basse pour nommer ses conseillers; qu'il ne renvoie pas ceux-ci quand la majorité leur est acquise dans cette Chambre.

En ce sens, Isabelle aurait donc commis une faute en révoquant son ministère en 1866.

C'était la même faute qu'en juillet 1865 lorsque le maréchal O'Donnell fut appelé au ministère, le maréchal

Narvaez ayant à cette époque dans les Chambres une majorité tout aussi compacte que celle qui appuyait son rival un an plus tard.

Pourquoi ne la lui avoir pas reprochée alors?

On voit qu'Isabelle n'a point, en nommant Narvaez en juillet 1866, violé la Constitution.

Quant aux autres violations qu'on lui reproche, consistant en arrestations et déportations arbitraires, c'est sur ses ministres qu'elles doivent retomber, et nous allons voir tout à l'heure dans quelle mesure.

Les faire retomber sur Isabelle est tout simplement absurde. Nous verrons plus loin qu'elle disposait d'un pouvoir plus grand que celui des rois constitutionnels en général; nous verrons par quel enchaînement de circonstances cela était arrivé. Mais il faut bien définir les positions respectives : elle était le plus souvent sous la dépendance de ses ministres; ceux-ci, il est vrai, pouvant, dès que les circonstances devenaient favorables, être révoqués par un simple effet de sa volonté, cédaient sur quelques points : c'était une sorte de compromis dans lequel toutefois ils se réservaient d'habitude ce qui touchait à la politique.

En réalité, aussi bien que d'après la Constitution, les ministres étaient donc seuls responsables, puisqu'ils acceptaient le pouvoir dans ces conditions de partage.

Examinons maintenant leurs tendances sanguinaires et leurs prétendues violations de la Constitution pendant la dernière période, violations qui ont servi de prétexte au renversement de la dynastie.

« Le maréchal Narvaez a fusillé en masse depuis son » avénement jusqu'à sa mort. » Tel a été le cri de la presse étrangère à partir de 1866. La nôtre ne s'attaque plus à lui : elle rejette ce sang sur Isabelle.

S'il s'agissait de juger toute sa vie, nous dirions que le maréchal Narvaez avait gardé de la guerre civile l'habitude des exécutions militaires; que d'autres fois, lorsqu'il a été au pouvoir, il en a abusé. Mais, pendant son dernier ministère, il mit sa gloire à ne pas verser de sang, et il s'efforça de prévenir pour n'avoir pas à réprimer.

Nous étonnerons bien du monde en disant que les dernières fusillades ont eu lieu au commencement de juillet 1866, sous le ministère O'Donnell. On conduisit alors par quarantaines les condamnés au lieu d'exécution. Que cela fût juste, nous ne venons pas le discuter (1).

(1) Disons cependant que la loi militaire est formelle, et que l'insurrection du 22 juin éclata avec des circonstances qui l'aggravèrent singulièrement.

Lorsque Espartero, la figure la plus respectable de l'Espagne moderne, l'homme le moins sanguinaire qui soit au monde, fit fusiller en 1841 le général Léon, dont le noble caractère attirait toutes les sympathies, et les

Il n'en est pas moins vrai que le dernier sang versé en Espagne pour délits politiques, c'est celui des partisans du général Prim par les partisans du maréchal Serrano.

La *Liberté*, citant l'autre jour l'almanach de Gotha, place en septembre 1866, et par conséquent sous le ministère conservateur, quelques exécutions après sentence des conseils de guerre.

Tous ces condamnés reçurent leur pardon.

En août 1867, la Catalogne fut en insurrection pendant un mois; il y eut plusieurs milliers d'hommes sous les armes. Tout le monde fut amnistié.

En décembre 1866, lors de la pétition à la Reine pour

généraux Borso, Montes de Oca, Quiroga, tout esprit impartial reconnut qu'il ne faisait qu'appliquer strictement la loi.

Les progressistes, inexorables alors, ne trouvent jamais d'expressions assez dures pour flétrir les exécutions de ceux de leurs coreligionnaires pris les armes à la main. S'il y a eu plus de progressistes fusillés que de conservateurs, cela tient à ce qu'ils se sont révoltés souvent et n'ont pas toujours triomphé; en ces déplorables affaires, le succès fait toute la différence.

Bien que fondée en droit et nécessaire pour le maintien de la discipline, la peine de mort n'en laisse pas moins l'impression d'une épouvantable injustice, lorsqu'on la voit appliquée à un délit qui a valu les positions les plus élevées à des hommes de toutes les opinions.

Quant à l'efficacité de cette peine pour empêcher des insurrections nouvelles, elle a été et sera complètement nulle tant qu'on aura sous les yeux l'exemple de ces hautes fortunes.

On ne peut se défendre d'une profonde tristesse quand on considère ce côté de nos mœurs politiques.

qu'elle réunit les Cortès, il s'éleva une clameur en Europe, et on reprocha à Narvaez les déportations, les fusillades en masse.

Ce qu'il y eut de vrai, c'est que cinq de ces hommes politiques furent déportés. Le principal d'entre eux, le maréchal Serrano, rentrait bientôt à Madrid et faisait un discours au Sénat pour dire combien on avait eu pour lui d'attentions et d'égards.

Cela donne une idée des cruautés exercées sur les autres.

Un grand nombre de députés se réfugièrent alors en France et en Portugal; ils ne furent inquiétés ni dans leur voyage, ni à leur retour, qui ne tarda guère à s'effectuer.

Ainsi donc, depuis la chute de l'Union libérale en juillet 1866, personne n'a été fusillé en Espagne pour délits politiques. Quant à l'émigration, la partie la plus notable, de beaucoup, procède des événements de janvier et juin de la même année.

En revanche, les incarcérations et les déportations décrétées par le ministère conservateur sont vraies. Narvaez, par tempérament et par éducation, penchait à l'arbitraire. Ses successeurs allèrent encore plus loin que lui. Toute sécurité personnelle disparut; les citoyens paisibles étaient à la merci du plus vil délateur. Tel fut l'ensemble de ces mesures.

Pour les apprécier avec équité, il faut considérer d'abord que les garanties constitutionnelles, et notamment l'article 7 du titre Ier qui assure la liberté individuelle, avaient été suspendues; suspendues à la demande de l'Union libérale elle-même, qui, si elle était restée au pouvoir, aurait vraisemblablement fait usage de ces pouvoirs extraordinaires.

Puis, il faut dire que l'on faisait au gouvernement la partie bien difficile.

D'un côté, par l'inqualifiable abstention des libéraux, par l'absence d'une opposition légale veillant, au sein du Parlement, sur la sécurité des citoyens, il n'était que trop tenté d'abuser de la force.

D'un autre côté, le parti progressiste et le parti démocratique conspiraient depuis 1865. On vient de publier les titres de tous les comités et les noms de leurs membres; on a parlé de leurs travaux persévérants dans les dernières années du règne d'Isabelle II. Les ministres pouvaient-ils se défendre par des mesures strictement légales — ou plutôt par des mesures modérées, puisque avec la suspension des garanties la loi était pour eux, — pouvaient-ils, disons-nous, se défendre avec ménagement contre des adversaires qui dans l'ombre préparaient l'insurrection?

Résumons cette première partie.

Isabelle n'a point violé la loi fondamentale.

Si elle a manqué, en 1866, à l'usage établi dans les pays constitutionnels, elle avait des raisons puissantes pour le faire; elle y avait manqué en 1865, et n'avait recueilli que des éloges du parti qui, un an plus tard, l'accusait si durement pour le même fait.

Quant aux hommes qui ont gouverné à compter de juillet 1866, ils n'ont fusillé personne pour causes politiques.

Ils n'ont point commis d'actes arbitraires, ayant pour eux la loi qui suspendait les garanties constitutionnelles, demandée aux Chambres par les libéraux eux-mêmes.

S'ils ont usé trop largement de cette autorisation, ils ont été forcés à une défense violente par la violence de l'attaque, et par la permanence d'une conspiration niée alors, proclamée aujourd'hui avec orgueil.

Par conséquent, si le futur Roi ou le futur Président de la République, tout en restant dans la légalité, mécontente un parti puissant, s'il ne lui remet pas le pouvoir après quelques sommations, il court le risque d'être chassé comme Isabelle II, et nous sommes exposés à voir une révolution de plus.

II

LA RÉVOLUTION ÉTAIT-ELLE INÉVITABLE ?

Le maréchal O'Donnell et tous les orateurs de son parti ne perdaient pas une occasion de dire combien l'abstention du parti progressiste, depuis 1863, était funeste et antipatriotique. Ils ne cessaient de l'exhorter à l'opposition légale dans les Chambres.

Et quand la Reine les congédia, trop brusquement, avouons-le, ils ne trouvèrent rien de mieux à faire que d'imiter cet exemple par eux si amèrement condamné.

En abandonnant leur poste au moment où le vent était favorable à la réaction, ils exposaient l'Espagne à toute sa fureur ; leur faute était donc plus grave que celle des progressistes.

Quelques-uns, il est vrai, soutinrent la nécessité, dans l'intérêt du parti autant que dans celui du pays, d'une opposition persévérante, indomptable, mais légale. Ceux-là voyaient juste et clair. Si leur conseil eût été suivi, le parti conservant son organisation, certainement

le pouvoir leur fût échu à la première occasion favorable, et ils auraient pu se montrer aussi conciliants, aussi réformateurs qu'ils l'eussent voulu, sans amener toutes les complications actuelles.

Un groupe fort important se rattacha d'abord à cette idée de l'opposition légale; mais l'exemple du chef, le ressentiment, l'impatience surtout, rendirent ce groupe de moins en moins nombreux.

Le maréchal Narvaez fut emporté ce printemps par la maladie. Malgré ses défauts, c'était un homme remarquable; il était l'âme du parti modéré. Lui mort, il n'y avait rien en Espagne qui pût lutter avec l'Union libérale : elle lui succédait naturellement. Mais elle avait déserté son poste; nous eûmes alors à subir six mois de despotisme, d'ignominie et d'avilissement.

A qui les devons-nous? Privés du prestige de Narvaez, les hommes qui formèrent alors le cabinet n'eussent jamais osé rêver d'être ministres, si on ne leur avait ainsi laissé la place libre.

La Reine eût appelé d'autres hommes, s'ils ne s'étaient tenus si ostensiblement à l'écart. Après deux ans d'abstention évidemment hostile, elle ne pouvait les appeler; elle était, d'ailleurs, presque sûre d'essuyer un refus.

Il y a plus encore.

Après le 22 juin 1866, les absolutistes qui, jusqu'à cette date, avaient vécu, eux aussi, dans une abstention plus ou moins menaçante, surent en sortir avec dignité.

Au moment où ils voyaient la société menacée, dirent-ils, ils venaient aider de toutes leurs forces le ministère qui entreprenait la tâche difficile de la sauver. Sacrifiant leurs vues particulières à l'intérêt général, ils venaient, au moment du péril, reconnaître la Constitution et la dynastie, deux points sur lesquels ils avaient gardé la plus grande réserve.

C'était une force imposante, plus imposante qu'on ne le croit hors d'Espagne, qui se ralliait à l'état de choses existant. Ils cessaient de menacer le pays d'une nouvelle guerre civile. Le carlisme recevait le coup de grâce; il ne lui restait plus que quelques rares adhérents; le nerf de ce parti allait ailleurs.

Il n'est pas permis de douter que, si l'Union libérale s'était maintenue à son poste d'opposition constitutionnelle, les absolutistes, voyant en face d'eux un adversaire considérable, seraient demeurés pour longtemps unis aux modérés, et que de cette façon eût été constitué un grand parti conservateur, où l'appoint nouveau eût été ce que sont les partisans de la haute Église, *high Church*, pour le parti *tory*. C'est un élément de grande valeur quand il se mêle à des éléments libéraux; abandonné à lui-même, il tombe dans le fanatisme.

D'un autre côté, l'Union libérale, qui, en restant dynastique et légale, rendait la révolution impossible — on l'a vu par la confession du journal *El Pueblo*, — aurait fini par rallier un jour les progressistes, dont elle avait déjà quelques-uns, et les démocrates. Les partis ne vivent que par l'espérance; leurs espérances perdues, ces partis se fussent dissous, et se fussent joints au seul parti libéral demeuré vivant.

De la sorte, nous aurions vu en Espagne, pour la première fois, toutes les forces politiques groupées en deux grands partis légaux, unanimes sur les bases fondamentales, divisés seulement sur des questions subalternes; les institutions parlementaires auraient pu régulièrement fonctionner.

L'Union libérale, par la moralité de la plupart de ses membres, par leur nombre, leur talent, leur importance, était en 1866, elle est même encore aujourd'hui, la fraction politique la plus considérable que nous ayons en Espagne; par ses principes tempérés, elle représente la transaction entre les opinions extrêmes, elle rallie tous les libéraux qui craignent un progrès trop rapide dans l'intérêt même de la liberté .

Plus un parti est grand, plus il doit à l'opinion un compte sévère de ses actes. On peut ne pas critiquer ceux du cabinet Gonzalez Bravo; l'Union libérale n'accepterait pas le bénéfice d'une semblable indulgence.

Fière de la prospérité dont l'Espagne avait joui sous sa direction, elle a eu le tort de se croire appelée à gouverner toujours. Elle a faussé la pratique parlementaire en voulant ne laisser subsister qu'un seul parti, quand il en faut deux qui représentent les deux tendances éternelles des sociétés. Elle a voulu être ce parti unique, et personnifier à la fois la résistance et l'expansion. Et surtout elle a trop écouté son ressentiment contre la Couronne, et amené ainsi la situation difficile où nous nous trouvons

Ce ressentiment, en effet, et l'abstention qui en fut la suite, désorganisaient, dès sa renaissance en juillet 1866, le parti conservateur.

Les absolutistes se trouvant, seuls avec les modérés, maîtres du champ de bataille, se séparèrent bientôt de leurs nouveaux alliés. Dans les derniers mois de sa vie, Narvaez ne paraissait plus assez réactionnaire; la dispersion des siens devenait imminente.

Ainsi donc l'Union libérale eut un jour une bonne fortune qui échoit rarement à un parti.

Elle pouvait à ce moment créer elle-même, en quelque sorte, le parti destiné à être son adversaire, et lui tracer sa marche. Il ne lui fallait qu'un peu de calme pour rendre la révolution impossible et inutile, pour fonder le véritable gouvernement constitutionnel.

L'occasion perdue ne se retrouvera jamais peut-être. L'unanimité sur les bases fondamentales, un moment entrevue, a disparu pour jamais, grâce à l'orgueil de quelques-uns.

III

LES PARTIS, LA COURONNE ET LE PARLEMENT

Nous avons vu que la pratique constitutionnelle est, pour le monarque, de n'avoir de ministres que ceux qui sont agréables à la majorité de la Chambre basse.

Quelquefois, cependant, le roi peut croire de bonne foi que le pays diffère d'opinion avec la majorité de la Chambre, et alors il peut honnêtement, et pour le bien général, permettre à ses ministres d'en appeler au pays dans des élections nouvelles.

C'est ainsi que les choses se passent là où le gouvernement parlementaire n'est pas une fiction.

Malheureusement, sur le continent de l'Europe, nous n'en avons jamais eu que l'apparence.

Pour l'avoir en réalité, il faut que la Chambre basse soit l'expression fidèle de la volonté nationale.

Il faut donc, en dernière analyse, que les électeurs se donnent la peine de voter en conscience, et de défendre, envers et contre tous, la liberté et la sincérité de leur vote.

Où voyons-nous cela sur le continent ? Généralement, les électeurs n'y ont point de volonté propre. Cela est vrai surtout en Espagne.

Le courage physique abonde dans ce pays; mais le courage civil y fait complètement défaut. On comprend, dès lors, combien il a été facile de dénaturer constamment les élections.

Le mal remonte à de longues années. S'il fallait préciser, fournir les dates, cela nous mènerait loin. Disons donc, sans crainte de dénaturer l'ensemble des faits, que les modérés furent les premiers coupables, mais que leur fâcheux exemple trouva bientôt des imitateurs.

Quand les modérés étaient au pouvoir, la pression administrative s'exerçait d'une manière si audacieuse que, dans presque tous les districts, ils l'emportaient.

Le parti progressiste agissait de meilleure foi. Les autorités respectaient le droit du vote. Mais les patriotes de chaque localité, employant la ruse et l'intimidation, arrivaient presque au même résultat.

Les élections ont constamment donné une majorité énorme au parti qui commandait.

La servilité montrée par les électeurs ne suffisant pas sans doute, ils avaient trouvé un autre moyen pour abaisser encore la représentation nationale.

Trafiquant de leur vote, ils se mettaient à harceler sans vergogne leurs députés, qui étaient obligés de leur procurer des places pour eux et leurs parents :

la manie des emplois est une des plaies de l'Espagne. Les députés devenaient ainsi les agents de leurs électeurs auprès des ministres. On ne pouvait dès lors les empêcher de demander souvent aussi quelque petite place pour eux-mêmes. Et, en fin de compte, au lieu de ministres dépendant du Parlement, nous avions un Parlement qui dépendait des ministres.

Ici, nous pouvons donc dire que nous touchons du doigt la racine même du mal et que nous tenons le vrai coupable.

La racine du mal, c'est le Parlement ainsi composé. Le vrai, le seul coupable, c'est le pays, qui ne sut pas lutter avec persévérance pour avoir un Parlement qui vraiment le représentât.

Le pays semble ne s'être jamais aperçu que la seule base possible du gouvernement parlementaire, c'est le Parlement dans sa sincérité.

Qu'était le gouvernement avec un Parlement faussé, sinon le *nec plus ultra* de l'arbitraire? On avait renversé le despotisme royal pour aboutir au despotisme ministériel, qui est cent fois plus à craindre; la Chambre était devenue un instrument docile qui donnait la sanction légale à tous les actes des ministres.

Les conséquences funestes ne se firent pas attendre. La souveraineté nationale passa aux partis d'abord, puis se partagea entre les partis — c'est-à-dire l'armée — et le monarque.

Les changements de principes et de personnes, qui doivent, dans la pratique constitutionnelle, être amenés par un vote de la Chambre, ne pouvaient plus se faire ainsi.

Il n'y eut plus que deux manières d'arriver au pouvoir : l'agitation ou la force des baïonnettes.

L'opposition fut pratiquée par les uns et les autres avec si peu de sagesse, que l'on combattait les mesures les plus utiles dans le seul but de renverser le ministère en créant de l'agitation. Il fallait arriver, quitte à proposer, des bancs ministériels, les mêmes choses qu'on avait combattues sur les bancs d'en face; ceux qui les proposaient naguère les combattaient à leur tour; les affaires de la nation ne se faisaient jamais, la désorganisation croissait sans cesse.

C'est ainsi que les oppositions agiront partout où la nation ne saura pas se faire respecter par les partis.

Le patriotisme se compose surtout de respect. Là où la nation oblige les partis à compter avec elle, ils la respectent et la servent. Là où elle ne sait garder sur eux aucune domination, ils la regardent comme leur patrimoine et l'exploitent à l'envi.

Ils avaient donc, en Espagne, la bride sur le cou. La mollesse de l'opinion leur avait inspiré une outrecuidance incroyable : ils arrivaient au pouvoir par la force, ou par l'intimidation, ou par l'intrigue. Dans un pays qui aurait eu des mœurs politiques, le Parlement les eût obligés à donner leur démission à l'instant; s'ils avaient osé en appeler au pays, la réprobation de celui-ci eût été plus sévère encore. Chez nous, au contraire, ils étaient sûrs de la majorité en faisant des élections nouvelles, ou chose encore plus étrange, en conservant la même Chambre qui appuyait leurs prédécesseurs.

On a parlé de violations de la Constitution de la part de la Reine. Y en a-t-il de plus flagrante et de plus grave que celle-ci? Tous les partis s'en sont rendus coupables. Eh bien! par l'effet d'une tolérance mutuelle, jamais aucun d'eux n'a été mis en accusation pour ce fait. L'impunité semblait être le résultat d'un accord tacite entre adversaires; les idées de droit et de moralité tombèrent bientôt dans l'oubli.

Peu à peu la Couronne s'aperçut de cette situation. Dans leur course effrénée à la poursuite du pouvoir, elle acquit le droit de penser que les partis compromettaient son existence.

Elle ne fit qu'obéir à l'instinct de sa conservation en tentant un essai. Sans sortir de la Constitution — titre VI, article 45 cité tout à l'heure, — elle révoqua un ministère appuyé par la Chambre, et en nomma un autre.

La Chambre dissoute, les élections faites, il se trouva que l'essai avait réussi.

La Chambre nouvelle donnait la majorité aux nouveaux ministres. La Couronne pouvait donc, tout en les

nommant à sa guise, continuer à gouverner constitu-
tionnellement.

Isabelle, tenue en échec par l'élément militaire, se vit
souvent dans l'impossibilité d'agir ainsi (1). Le fait s'était
présenté néanmoins; les progressistes purent prétendre
que la volonté de la Reine seule contre la volonté de la
nation les tenait éloignés des affaires, et parler du
trône comme d'un *obstacle traditionnel* qu'il fallait
renverser.

Si le pays avait eu quelque sens politique, dès la première atteinte portée à la liberté électorale, il aurait
songé uniquement à la rétablir.

Il y a bien eu devant la Chambre, à propos de faits de
ce genre, des protestations répétées et énergiques; —
trop énergiques.

On voyait trop, en effet, où elles tendaient. L'ambition
perçait trop sous cette prétention de défendre la légalité.

Ces interpellations ne visaient jamais à moins qu'à
renverser le ministère et à prendre sa place.

Le manque de désintéressement qui les caractérisait

(1) Nous n'avançons rien qui ne se puisse prouver. Les libéraux disent que
la Reine ne les aimait pas, et que jamais elle ne leur eût remis volontaire-
ment le pouvoir; c'est donc contre son gré qu'ils ont été au ministère de
1854 à 1856, de 1858 à 1863, et de 1865 à 1866, c'est-à-dire pendant huit
années sur les quatorze dernières. Cela prouve l'exactitude de ce que nous
affirmons ici et plus haut.

leur était la sympathie publique; ou, quand l'attaque était désintéressée, ce qui s'est vu, elle était mal conduite.

Quand un ministère faussait les élections, il avait soin de s'en tenir à des instructions verbales, et de la sorte il était impossible de recueillir les preuves de ses manœuvres.

Dès lors, c'était au subalterne matériellement coupable qu'il fallait s'attaquer.

La loi le protégeait peut-être, en ce sens que souvent, sur le continent, une autorisation est indispensable pour conduire en justice le moindre fonctionnaire. Il fallait faire rapporter cette loi.

Cela paraissait-il lâche de perdre un malheureux qui n'avait fait qu'obéir? Trouvait-on plus noble d'attaquer l'homme puissant, moralement coupable de cet acte?

Mais, sans preuves, on ne pouvait rien contre lui. Cependant on s'obstina dans cette voie.

Qu'en résulta-t-il? Qu'un jour un esprit hardi et peu scrupuleux décida de n'avoir plus d'opposition qui lui fît cette guerre violente. Et il y parvint : le ministre de l'intérieur fut en réalité l'électeur unique, et nomma les députés à sa fantaisie. Dès lors tout fut perdu.

Tandis que si on n'avait cherché modestement à punir qu'un seul agent très-sulbalterne, une seule élection une fois rectifiée par ce moyen, on eût, pour les élections à venir, possédé une arme puissante; on en eût rectifié un nombre chaque fois plus considérable, on serait arrivé à purifier tout à fait le Parlement.

Avec une Chambre ainsi composée, plus de difficultés, plus de conflits. Elle eût toujours nommé le ministère.

Les partis ne seraient plus arrivés au pouvoir par la force; tous auraient été obligés d'obéir à une autorité aussi imposante.

La Couronne n'eût pas songé à faire acte de volonté personnelle; ou, si elle l'eût osé, si, pour implanter un ministère de son choix, elle eût dissous les Chambres, les élections prochaines eussent signifié avec énergie la désapprobation nationale, et il aurait fallu se rendre.

Le pouvoir, partagé, comme on l'a vu dans ces derniers temps, entre la Couronne et l'armée, eût vraiment résidé dans le pays.

Mais cette marche efficace suppose des mœurs et une éducation politique qui nous manquent.

Ces conquêtes pacifiques ne s'obtiennent point sans quelques douleurs. Il faut chez les individus la disposition au sacrifice, et chez la nation la disposition à aider l'individu qui souffre pour la cause commune.

Le militaire qui se soulève pour conquérir la liberté de ses concitoyens, sait très-bien que, s'il s'expose aux balles, il a, d'un autre côté, la perspective d'un grade.

Mais le simple citoyen qui veut défendre la liberté du vote, ne voit que les conséquences fâcheuses pour lui. Il s'expose certainement aux vexations administratives; sa personne ou ses biens peuvent souffrir. Et comme il n'obtiendrait pour ses peines aucune récompense, il croit naïvement qu'il n'y a aucune compensation aux dangers qu'il courrait. Ou, s'il voit l'importance suprême d'un Parlement vraiment national, il sait très-bien que ses concitoyens resteront spectateurs impassibles de ses souffrances, et il se trouverait bien naïf de jouer le rôle de défenseur du droit.

Un homme riche et de bonne famille comme Hampden, s'exposant à mille déboires et à la prison pour un impôt de vingt shellings qu'il ne veut pas payer parce qu'il est illégal, se couvrirait de ridicule en Espagne et peut-être ailleurs, et il en serait pour ses frais. En Espagne, pour enlever la nation, il faut avoir un plumet et un sabre, et proclamer qu'on vient défendre le droit en commençant par sortir de la légalité.

Les choses étant ainsi, on devrait sérieusement réfléchir.

La liberté impose des devoirs, oblige tout le monde à une activité politique incessante. Pas de *self government* possible sans cela.

Nous détestons ce genre de vie; ces rudes occupations, ces discussions austères nous épouvantent.

Voilà pourquoi nous penchons toujours au despotisme qui nous délivre de ces ennuis; et dès que nous en trouvons une occasion à peu près plausible, nous nous hâtons de le fonder.

A quoi bon alors verser du sang pour le détruire, quand nous savons que nous le rétablirons de nous-mêmes?

Il serait sans doute plus sage et meilleur de conserver la liberté une fois que nous l'avons conquise.

Mais il faudrait pour cela des sacrifices de tous les jours, et nous ne sommes encore capables que d'un effort violent et désordonné par intervalles.

Voilà les mœurs que trouvera le nouveau gouvernement que nous allons nous donner.

Et comme ces mœurs sont la source de toutes les difficultés, il est évident que sa position, une fois le premier enthousiasme passé, sera aussi peu tenable que celle du Pouvoir déchu.

IV

COMMENT SE LÉGITIME UNE RÉVOLUTION.

Les circonstances où un peuple qui a un Parlement et un roi constitutionnel se voit dans la nécessité de faire une révolution, sont extrêmement rares, mais on ne saurait nier qu'il y en a.

Oublions donc pour un moment ce que nous venons d'établir, et admettons que l'Espagne était tenue de faire sa révolution : nous dirons même, au besoin, que, si cette révolution avait été bien faite, le pays pouvait y gagner.

Ceux qui l'ont conduite ont totalement négligé une considération importante qui fait pâlir tout le reste.

Aux États-Unis, les partisans de la monarchie, s'il en existe, sont si peu nombreux relativement à la majorité républicaine, que l'on peut donner à celle-ci le nom d'unanimité.

Cette unanimité sur les bases fondamentales de la Constitution est indispensable pour qu'un gouvernement libre puisse se maintenir.

Ce que les monarchistes sont aux États-Unis, les républicains le sont en Angleterre. Mais, dans un pays où il y a un roi, l'unanimité monarchique ne suffit pas, il faut quelque chose de plus, il faut l'unanimité dynastique, telle qu'elle existe dans la Grande-Bretagne.

Le plus sérieux embarras de la France, c'est l'existence de trois dynasties rivales. Si tous les Français monarchistes reconnaissaient une seule dynastie, que deviendrait l'importance du parti républicain?

Il fallait à tout prix garder l'avantage que, sous ce rapport, l'Espagne avait sur la France; d'autant plus, que c'était notre seule compensation à tant d'éléments d'ordre qui nous manquent.

L'Espagne aurait raison d'applaudir à la réconciliation des trois nuances de libéraux, si elle n'offrait tous les caractères d'une coalition, et si les coalitions pouvaient être durables.

Quand on a traité de cette alliance, il était facile de prévoir les difficultés qui devaient se présenter au moment de la solution définitive. Il fallait les résoudre avant de rien conclure, afin d'agir ensuite plus librement.

Ne prévoyait-on pas que la monarchie l'emporterait?

Eh bien! il fallait avoir d'avance le courage que l'on sera forcé d'avoir plus tard.

On aurait été privé peut-être du concours de la démocratie; mais, en dehors d'elle, on avait les éléments nécessaires pour réussir.

Il y a deux mois, le parti démocratique existait à peine en Espagne.

Aujourd'hui, avec la liberté qui règne, la propagande républicaine se fait activement, les conversions en ce sens sont nombreuses.

A quoi bon des républicains, si nous devons avoir une monarchie ? C'est une *inhumanité*. On aura excité leurs espérances, et, s'ils ne se soumettent pas à la décision de la Constituante, que fera-t-on ?

Toute forme politique nous semble bonne, pourvu qu'elle garantisse une somme de liberté en harmonie avec les mœurs d'un pays ; la meilleure nous paraît celle qui est acceptée par le plus grand nombre, qui réunit, s'il se peut, l'unanimité.

A ce point de vue, une révolution n'est légitime qu'autant qu'elle coupe court aux difficultés antérieures et n'en apporte pas de nouvelles.

Dans la nôtre, c'est le contraire qui arrive.

Si elle avait été dirigée par des hommes vraiment consciencieux, elle n'aurait pas eu pour point de départ une coalition, mais bien une fusion véritable qui eût rallié toute l'Espagne.

Déjà les effets de la coalition se font sentir. Chacun des trois partis veut annuler les deux autres à son profit ; et il faut dire qu'en cela les plus coupables ne sont pas les démocrates, puisqu'ils ont vu leur ancien programme devenir le drapeau du mouvement.

De ces dissensions entre les hommes de la révolution, doit naître l'anarchie.

On prétend que le Gouvernement provisoire ne nous
a perdus dans ce dédale que pour avoir voulu laisser
au pays la décision de ses destinées, par respect pour
la volonté nationale.

Cette assertion ne résiste pas à l'examen.

Est-ce donc respecter la volonté nationale que d'avoir
usurpé, comme on l'a fait dans les matières les plus
graves, la faculté législative, qui appartient aux Chambres, et aux Chambres seules?

Est-ce donc respecter la volonté nationale que de nous
menacer d'un coup d'État, qui sera peut-être inévi-
table?

Qu'on ne nous parle pas de ce respect imaginaire.

Sans le concours des mandataires du pays, les actes
d'un gouvernement provisoire sont illégaux au premier
chef. Si l'on avait vraiment respecté la volonté nationale, on aurait réuni la Chambre dès le lendemain.

On ne le pouvait pas, dira-t-on.

Lorsque Jacques II quitta l'Angleterre, tous les hommes qui avaient siégé dans les Parlements du règne de
Charles II — les seuls dont l'élection fût considérée
comme libre — s'assemblèrent immédiatement.

Chez nous, on aurait pu réunir à l'instant tous les
hommes qui avaient siégé dans des Cortès librement
élues au jugement de tous, celles de 1834, par exemple.

On eût pu y joindre quelques membres de la municipalité de Madrid, de même qu'en 1688 on admit au Parlement des membres de la municipalité de Londres.

Ces Cortès auraient légitimé et tempéré à la fois la dictature du Gouvernement provisoire, et l'eussent obligé à convoquer sans retard des Cortès régulières. Il y a plus d'une analogie entre la révolution de 1688 en Angleterre et la nôtre; nous aurions pu suivre des précédents si sages, imiter ce respect pour la volonté nationale, cette bonne entente, et présenter ainsi tout d'abord une solution raisonnable qui aurait sûrement été acceptée par le pays, puis par les Cortès.

Le 23 décembre 1688, Jacques II abandonnait son trône et ses partisans, et se réfugiait en France : le 13 février 1689, le trône était offert à Guillaume III par les représentants de l'Angleterre réunis, dès le 23 janvier, en Convention.

Celle-ci se fût réunie certainement plus tôt, si les chemins de fer et les télégraphes eussent existé alors, à supposer même qu'on se fût avisé de compliquer les difficultés d'un changement dynastique par celles d'une réforme aussi radicale que l'introduction du suffrage universel.

Isabelle II s'est réfugiée en France le 30 septembre : au 1er décembre, les Cortès ne sont pas encore réunies, on ignore quand elles se réuniront; et alors même, leurs discussions, manquant de direction arrêtée, menacent d'être interminables, irritantes, et de ne rien résoudre.

Lorsqu'on se mêle de faire une révolution, on devrait s'y prendre un peu mieux.

Voyons ce que celle-ci rapporte à l'Espagne :

Nous avions une seule dynastie et un parti avancé qui se serait infailliblement rallié aux libéraux dynastiques.

Nous avons maintenant les partisans de la famille déchue;

Le carlisme, qui est en droit désormais de revendiquer sa place;

La candidature de la duchesse de Montpensier;

Celle du roi veuf de Portugal;

Les républicains, tant unitaires que fédéralistes; et, parmi ceux-ci, les partisans de l'indépendance des colonies, dont la perte dans un avenir plus ou moins lointain est dès aujourd'hui trop certaine.

C'est-à-dire qu'au lieu de l'unanimité que nous aurions pu avoir, il nous restera, après l'élimination de la duchesse de Montpensier ou du roi de Portugal, quatre partis irréconciliables, peut-être même cinq, si à la dernière heure il surgit un candidat inattendu qui l'emporte.

Qu'on nous dise de bonne foi si toutes les difficultés du gouvernement ne se trouvent pas très-sérieusement aggravées par cette division, dont les conséquences seront peut-être à jamais irréparables.

V

QUESTIONS ÉCONOMIQUES.

La situation économique de l'Espagne a, plus qu'on ne croit, contribué à amener la catast..ophe.

On croit l'Espagne extrêmement riche. Disons plus exactement qu'elle pourrait l'être. Mais, en réalité, elle est fort pauvre.

Pauvre en tout, même en blé. Deux mauvaises récoltes ont épuisé toutes nos réserves.

Le prix moyen du quintal de blé, en France, est aujourd'hui à peu près de 30 francs. Dans diverses localités de l'Espagne, il vaut 40 et 43 francs. En France, le travail abonde; les salaires sont suffisants pour vivre. En Espagne, le travail est rare, les salaires mesquins. C'est donc une population misérable qui doit payer son pain un tiers p... cher qu'une population relativement riche. Cet état d... depuis deux ans. Les comptes-rendus de la mortalit... ...ur cette période sont effroyables. En Espagne, comme ...n France, on a l'habitude de tout attribuer au gouvernement. Il n'a donc pas été difficile de lui imputer la misère publique.

Elle était d'autant plus pénible à supporter, qu'il y a peu d'années, l'Espagne s'était fait l'illusion de se croire fort riche.

Cette prospérité passagère commença vers le temps de la guerre de Crimée.

Quelques mauvaises récoltes de céréales dans une partie de l'Europe avaient coïncidé avec de bonnes récoltes en Espagne.

L'oïdium rendait improductives les vignes de France.

Nous vendîmes donc du blé et du vin en quantités considérables. Les écus pleuvaient dans un pays qui jusque-là n'avait fait qu'en exporter.

Ce n'est pas tout. Vers la même époque, le parti progressiste avait repris activement la vente des biens du clergé et des communes.

Enfin, nos chemins de fer se construisaient avec une rapidité extraordinaire; et, comme nous avons le bonheur de pouvoir placer nos épargnes à la loterie ou les dépenser en courses de taureaux, ils se faisaient avec de l'argent étranger.

Ainsi donc, par la vente du blé et du vin, par l'argent étranger introduit pour construire les chemins de fer, les particuliers se trouvaient riches.

Le gouvernement percevait une augmentation très-forte sur les contributions indirectes, preuve d'un accroissement de bien-être. De plus, il avait entre les mains un capital énorme en propriétés, qu'il réalisait à des prix très-supérieurs à l'estimation, grâce à l'abondance d'argent et à l'engouement qui existe en Espagne pour les achats de terres. De plus encore, l'abondance des capitaux faisait affluer à la Caisse des dépôts des sommes immenses.

Ce fut un vertige. Tout le monde, les particuliers et l'État, se crut riche à jamais et agit en conséquence.

Les propriétaires auraient pu faire sur leurs terres des dépenses reproductives, augmenter leur fortune par le travail et l'épargne. Ils aimèrent mieux jouir : le luxe absorba tout et devint général. Il en resta des habitudes dispendieuses, auparavant ignorées, et dont on n'a pas su se défaire quand la gêne est venue.

Les classes laborieuses auraient pu mettre de côté des économies assez rondes, car, les bras étant rares, les salaires avaient atteint des chiffres très-élevés. Elles imitèrent l'exemple des autres classes.

L'État aurait pu subventionner plus fortement les voies ferrées en raison de ce qu'elles coûtent dans nos chaînes granitiques; faire des chemins aboutissant aux stations, et rendre ainsi possible le trafic qui, sans cela, ne peut naître; créer des écoles pratiques des arts et métiers, d'agriculture; en un mot, nous préparer à devenir une nation produisant et consommant.

Il préféra nous poser en puissance de premier ordre,

jeter de la poudre aux yeux des étrangers et des nationaux, faire des guerres d'où nous ne sortions pas toujours avec gloire. Mais ce qu'il fit de plus funeste, ce fut de nous habituer à la prodigalité et à l'imprévoyance.

Le ministre des finances d'alors passait pour un génie, parce qu'il disait à ses collègues : Dépensez; le Trésor est riche.

Un jour il n'y eut plus rien; je me trompe, il y eut des dettes. Les fonds de la Caisse des dépôts, employés en partie par le gouvernement, accrurent en Espagne la dette flottante, cet engin si commode pour se ruiner sans s'en apercevoir.

Depuis, les finances ont marché de mal en pis; des empiriques et des hommes sans caractère ont presque toujours été à la tête de ce département (1).

(1) Le lecteur français ne connaît probablement nos finances que par l'ouvrage de M. le baron de Nervo, *l'Espagne en 1867*. Basé sur un seul document officiel, le budget approuvé par les Cortès, ce livre renferme des appréciations toujours bienveillantes sur la minutieuse régularité de notre administration. Le déficit insignifiant que celle-ci avoue y est accepté comme exact.

Voici quelques chiffres, également officiels, qui donneront une idée du désordre auquel nos finances sont en proie.

Le capital de la dette se montait, au 1er décembre 1850, à 13 milliards 400 millions, les intérêts à 500 millions de réaux (*Guia de Forasteros* — Almanach Royal — 1850). Le capital est aujourd'hui de 22 milliards, et les intérêts de 500 millions. (*Gaceta de Madrid*, 29 oct. 1868, Manifeste financier du

C'est du caractère surtout qu'il y faudrait pour refuser toutes dépenses au-delà des recettes réelles.

Mais ici encore nous rencontrons une des conséquences les plus fâcheuses de l'organisation de nos partis. Les généraux sont tout en politique. Tant qu'il en sera ainsi, le budget excessif de la guerre ne sera pas rogné, et c'est là que devraient porter les économies. Aujourd'hui même, au lendemain d'une révolution faite pour châtier les abus, on a donné, chose inouïe, une promotion à *toute* l'armée; cela coûtera cher.

Jusque-là, nous nous sommes borné à raconter les faits accomplis, et nous avons tâché d'être calme. Mais nous ne saurions demeurer indifférent aux questions qui s'agitent, et nous demandons la permission d'en dire quelques mots.

Le ministre des finances ne pourra établir un budget rationnel qu'autant qu'on fera comme en Angleterre, où le chancelier de l'Échiquier est toujours un des membres les plus importants du cabinet, où quelquefois même il en est le chef.

Gouvernement provisoire). Nous avons cette année des dépenses extraordinaires, un déficit plus fort que de coutume; si pour le combler il nous faut réaliser quelques emprunts, la négociation en sera fort onéreuse : de combien de milliards s'accroîtra notre dette?

La charge n'est point encore trop lourde pour l'Espagne; mais il faut certainement que nous nous arrétions bientôt sur cette voie.

Aussi proportionne-t-on dans ce pays la dépense à la recette, tandis que chez nous la dépense n'a d'autres limites que les exigences des différents départements.

C'est en relevant l'importance des hommes qui occuperont ce ministère, qu'on obtiendra les économies indispensables; il en faut non-seulement dans l'armée, mais encore dans le nombre des employés civils, et surtout dans les pensions exagérées que l'on paye aux employés en retraite ou en disponibilité (*jubilaciones* et *cesantias*).

Le personnel de nos employés est triple au moins du nombre des places. Chaque parti a ses protégés. Toute l'administration est changée en même temps que le ministère. Que de gens, dès lors, intéressés aux révolutions! Quelle charge pour le budget, et quels mauvais serviteurs pour le public que ces employés sans cesse remplacés et toujours novices!

Plusieurs fois on a parlé de porter remède à cela; mais, comme chaque parti n'a tenu compte que des opinions politiques, c'est toujours à recommencer. Il faudrait enfin faire abstraction complète des opinions, et n'avoir égard qu'à l'ancienneté et à la bonne conduite.

Pour sauver l'Espagne, il faut absolument extirper la manie des emplois, mettre un frein aux exigences de l'armée, et arriver par là à l'équilibre du budget.

L'homme qui tentera ces réformes, aura contre lui et les employés congédiés et les militaires mécontents, c'est-à-dire précisément ceux qui font les révolutions à eux seuls.

Il sera par conséquent renversé dès les premiers pas, à moins qu'il ne dispose d'une force supérieure, comme celle d'un roi absolu, ou d'un ministre soutenu par un Parlement vraiment national et éclairé.

En ce sens, nous pouvons donc dire que le principe de toute amélioration, c'est une complète et constante publicité en matière de finances.

Après une révolution, il est facile de l'avoir; mais si cette tradition vient à s'interrompre un seul jour, c'en est fait, il faut peut-être une révolution nouvelle pour la rétablir. Quand ces affaires se manipulent dans l'ombre et le silence, mille transactions incroyables ont lieu; la ruine se précipite par l'ignorance où le pays est de tout ce qui se rapporte au maniement de sa fortune.

Il a fallu à un homme compétent, au ministre actuel, disposant de facilités exceptionnelles pour acquérir des informations, vingt jours pour se rendre un compte approximatif de notre situation financière.

Cela prouve surabondamment l'impossibilité pour le public de se former la plus petite idée de cette situation. De là, sa prétendue incompétence dans des questions qui n'ont rien d'incompréhensible.

La publicité en ces matières nous garantirait la sincérité des ministres. Depuis longues années tous les budgets étaient présentés avec un excédant, et cependant on savait fort bien d'avance qu'ils se solderaient par un déficit.

L'habileté dans l'art de manier les fonds et de négocier les emprunts est à coup sûr une belle chose, mais le bon sens et la sincérité ne demeurent pas moins la première qualité d'un ministre des finances.

Qu'il révèle au pays la vraie situation; et qu'il avoue ne pas connaitre de combinaison scientifique qui permette de dépenser plus qu'on ne reçoit, sans se ruiner.

On parle beaucoup de *science* financière; et grâce à ce mot, on a fait croire au public qu'il ne peut s'élever à saisir ces hautes conceptions. Désespérant de les comprendre, il les abandonne entièrement au ministre, qui fait à peu près comme il l'entend, quoique très-souvent il n'y entende rien.

Que le bons sens — encore une fois — reprenne confiance en lui-même. Ne dépensons pas plus que nous n'avons; la meilleure partie de la science est là.

Quant à l'autre partie, à celle qui consiste à augmenter les recettes sans surcharger les contribuables, elle est très-facile à comprendre pour un peuple qui travaille, qui produit; très-difficile pour un peuple qui ne travaille pas.

Un peuple qui travaille touche du doigt ce qui, dans sa législation financière, entrave la production, l'échange, la consommation. Il indique lui-même au ministre ce qu'il faut faire dans cette voie; la tâche de celui-ci est rendue relativement facile.

Il importe maintenant de savoir à quoi nous devons travailler.

On voit dans l'excellent ouvrage de M. Léonce de Lavergne sur l'*Économie rurale de l'Angleterre*, que, vers 1853, la rente moyenne de l'hectare était, en Angleterre, de 60 francs, et en France, de 30 francs.

Nous manquons de documents authentiques pour apprécier avec quelque justesse la rente moyenne de l'hectare, en Espagne, en 1868. On évalue à 1,000 francs la rente de l'hectare irrigué dans les environs de Malaga; à 500 francs à Valence et en Guipuzcoa.

Mais ces magnifiques résultats — bien faits pour nous encourager -- ne sont obtenus que dans des districts très-petits. Et il y a en Espagne tant de terrains qui sont mal cultivés, et même qui ne le sont pas du tout, que nous ne craignons pas d'avancer que la rente moyenne de l'hectare pour toute l'Espagne n'atteint pas 10 francs.

Or, nous avons au moins 40 millions d'hectares cultivables. Si nous pouvions peu à peu porter la rente moyenne de l'hectare à 30 francs, nous serions plus riches de 800 millions de francs chaque année; si, plus tard encore, nous la portions à 60 francs, notre rente annuelle serait plus grande de 2 milliards de francs, sans compter dans l'un ni l'autre cas l'accroissement des salaires et des impôts. Ce serait une richesse supérieure à tout ce que nous avons connu; car, à l'époque de notre prospérité la plus grande, de 1855 à 1863, la fortune publique n'avait certainement pas augmenté de 500 millions par an.

La propriété est très-divisée en Espagne, malgré l'existence de quelques domaines immenses. Le bien-être ne s'accroîtrait pas au profit exclusif de quelques-uns; il serait général. Le perfectionnement de l'agriculture offre donc une carrière honorable, lucrative et assurée à la majorité des Espagnols, et les dispense de recourir aux emplois publics, qui ne donnent que des positions mesquines et instables.

Pourquoi n'aurions-nous pas l'ambition de faire produire à nos terres ce que produisent celles de la Grande-Bretagne? Est-ce une ambition folle, avec notre sol et notre climat?

Il est vrai que, sans débouchés, nous n'éprouverions que des pertes dans nos entreprises agricoles: mais l'Angleterre et la France importent toujours des denrées alimentaires.

Nos débouchés existent donc déjà : pour nous les rendre accessibles, améliorons la qualité de nos produits et produisons à bon marché; pour cela, perfectionnons d'abord et surtout nos moyens de transport.

La richesse la plus solide d'un peuple, la seule qui repose sur une base inébranlable, c'est la richesse agricole; mais il ne s'ensuit pas que nous devions renoncer à toute industrie.

Il en faudra certainement quelque peu. Ici encore que de choses à faire!

Nos ouvriers sont durs à la peine, adroits et intelligents; mais ils n'ont pas reçu d'éducation.

Ce qui leur manque surtout, c'est l'exactitude, la précision, le fini. Une ligne droite, à leurs yeux, c'est une ligne *à peu près* droite.

Aussi, quand on veut un objet bien fait, on l'achète à l'étranger. Nos ouvriers en souffrent, et dans leur amour-propre et dans leur bourse.

Donnez-leur l'instruction professionnelle, ouvrez-leur des musées comme celui de Kensington, qui leur forment le goût, enseignez-leur surtout les mathématiques, et ils feront aussi bien que personne.

Ce n'est que dans l'étude des mathématiques que nous puiserons ce dont nous avons le plus besoin, l'exactitude dans les idées.

Notre agriculture ne pouvant se perfectionner qu'à la longue, un développement modéré de l'industrie contribuerait à diminuer le tribut excessif que nous payons annuellement à l'étranger.

Voilà un mot qui fera sourire quelques-uns de nos économistes. Tout ce qui rappelle, même de loin, la théorie de la balance commerciale leur inspire de la pitié. « Les « produits, disent-ils magistralement, se soldent avec

» des produits. » Cet axiome est vrai quand des deux parts on possède des produits échangeables. Mais comme l'Espagne en possède à peine depuis 1850, et qu'elle a continué à importer tant qu'elle a pu, il s'en est suivi qu'elle est devenue pauvre : l'importation diminue, bientôt elle cessera tout à fait, et pour cause.

Travaillons donc. C'est là notre premier, notre seul besoin. Travaillons à maintenir les partis dans le devoir, si nous voulons être libres ; à développer nos ressources, si nous voulons en finir avec la misère.

Déjà nos fonds publics appartiennent en grande partie à des étrangers, nos chemins de fer également, ainsi que nos mines les plus riches ; ils possèdent chez nous des terres et des maisons.

Rien d'étonnant à cela. Nous consommons, et ils produisent ; nous dissipons, et ils épargnent.

Un des grands arguments que l'on faisait valoir dans ces dernières années en faveur de la liberté des cultes, c'était que les étrangers apporteraient chez nous leurs capitaux et leur industrie. En parlant ainsi, nous étions plus modestes que d'habitude, nous nous reconnaissions incapables de travailler.

Eh bien ! nous avons aujourd'hui la liberté des cultes ; les étrangers viendront en plus grand nombre parmi nous, leur industrie exploitera notre paresse, et ils pourront d'autant mieux acheter nos terres.

Le crédit foncier se fonde enfin, comme il ne se

fondera qu'avec des capitaux étrangers, il précipitera encore le dénouement. Nous emprunterons à la hâte, nous ferons mal nos calculs, nous nous empresserons de jouir, nous ne saurons pas diriger nos exploitations, et nous ne paierons pas nos annuités.

L'expropriation viendra, et un jour les étrangers seront maîtres du sol entier de l'Espagne qu'auront perdu les Espagnols, criblés de dettes et dévorés de luxe.

VI

DE LA MISSION DES CORTÈS CONSTITUANTES

Qu'elles se gardent bien de faire une Constitution : les constituants de 1854 ont mis deux ans à faire celle de 1856 ; il y avait alors un gouvernement qui fonctionnait régulièrement, le mal était moindre. Aujourd'hui nous sommes en suspens, nous ne pouvons rester longtemps ainsi.

Le jour même de son installation, la Chambre doit adopter la première Constitution venue parmi toutes celles qu'a possédées l'Espagne. Toute Constitution est suffisante, pourvu qu'elle garantisse la liberté, la sécurité et la propriété des citoyens.

Ce qui en fait la différence, c'est la pratique plus ou moins sincère et complète. Si nous avions pratiqué les Constitutions que nous avons eues, la pire nous eût rendus heureux. Si la nation ne sait pas obliger les partis à respecter la loi, c'est qu'elle n'est pas mûre pour la liberté, et alors aucune Constitution écrite ne nous mûrira tout d'un coup.

On s'est habitué à regarder la Constitution et les lois organiques qui en découlent comme des lois à part, comme des lois plus augustes que les autres.

Voilà une erreur qui a causé bien des maux.

Quand les choses vont mal, on l'attribue à la Constitution; il faut la changer tout entière, il faut appeler des Chambres spéciales nommées Constituantes.

Erreur encore qui découle de l'autre. C'est telle ou telle partie de la Constitution qui a vieilli, ou qui n'a jamais été bonne, ou à laquelle on n'avait pas songé, et qu'il faut corriger ou faire à nouveau; et non la Constitution entière qu'il faut bouleverser. Il n'y a nul besoin pour cela de convoquer des Chambres constituantes; les Chambres ordinaires suffisent parfaitement.

Cette méthode, qui est depuis longtemps la méthode anglaise, chasse le vague du domaine de la politique.

Il n'est pas facile, dans un pays où on change souvent les Constitutions, d'apprécier les différences qui existent entre elles; ni même — et ceci est plus grave — de saisir clairement le but d'aucune de ces Constitutions.

Mais si, à chaque révolution, on ajoutait à la somme des droits acquis un droit nouveau, si on le mettait par une loi hors d'atteinte à l'avenir, alors cette loi se graverait dans toutes les mémoires.

En Angleterre, tout le monde connaît la signification précise de l'acte de *l'habeas corpus* qui, en 1679, assure la liberté individuelle; du *bill of rights*, qui en

1689 accroît d'une manière notable la puissance du Parlement; de l'*act of settlement*, qui en 1701 établit l'inamovibilité des magistrats.

La Constitution anglaise s'est formée ainsi peu à peu. Toute l'Europe l'envie; et si vous demandez à la lire, on vous répondra qu'elle n'existe pas. Ces lois ajoutées à la *Magna Charta* de 1215 et à la *Petition of right* de 1628, sont les parties saillantes de la Constitution anglaise, mais ne sont pas toute la Constitution. Celle-ci est l'ensemble de toutes les lois.

Donc, pas de Constitution nouvelle en Espagne.

Dès le jour de l'ouverture de la Chambre, on doit adopter, par exemple, celle de 1856.

Immédiatement après, il s'agira de décider si nous devons vivre sous la Monarchie ou sous la République.

Si c'est la première que l'on vote, on laisse telle qu'elle est la Constitution de 1856.

Si c'est la seconde, on abroge le chapitre qui traite du Monarque, puis on fait un acte — acte à part, bien entendu — par lequel on déclare la République établie en Espagne, et on fixe les règles qui déterminent le pouvoir du Président.

Puisque nous devons avoir la liberté ou tolérance des cultes, on fait, encore à part, une loi pour cet objet.

Et afin que la révolution ne soit pas tout à fait stérile, on vote — toujours à part — un acte solennel par lequel la liberté civile soit efficacement garantie, une sorte de *habeas corpus* (1).

De la sorte on ouvrira une ère nouvelle. On donnera au peuple des idées nettes, au lieu des idées vagues qu'éveillait ce terme obscur de Constitution; et quand il s'agira de défendre ces conquêtes récentes, il saura pourquoi il se bat (2).

(1) C'est indispensable.

Pendant la composition de notre brochure, un journal de Madrid, *las Novedades*, a recommandé « de transporter *immédiatement*, après une simple « constatation d'identité, non-seulement ceux qui seront pris les armes à la « main, » — abus déjà monstrueux, — « mais encore ceux qui causeront « des scandales ou qui résisteront aux autorités. » (Voir la *Epoca* du 9 décembre.)

Ainsi donc, pas de jugement. Vit-on jamais tendances tyranniques plus odieuses?

Les gens qu'on veut ainsi déporter se sont trouvés être des républicains, ceux de Cadix; et le journal qui le conseille, bien que monarchique, a toujours passé pour extrêmement libéral. Les autres journaux ministériels montrent un peu moins de violence. Cependant, après avoir eu la modestie d'appeler *sainte* la révolution faite par eux, à Cadix même, il y a deux mois, ils se laissent transporter de la plus vertueuse indignation à l'aspect de toute tentative qui aurait pour but de les renverser.

La leçon n'en a que plus de valeur.

On voit à quoi tient le libéralisme de nos hommes politiques, et combien est nécessaire, pour garantir la liberté individuelle, une loi plus intelligible, plus populaire et plus durable que nos Constitutions.

(2) Nous dirions volontiers qu'il faudrait plus tard supprimer entièrement la Constitution, remplacée préalablement par des lois spéciales.

En effet, après une période révolutionnaire, la Constitution étant abolie

La tâche des Cortès ne se borne pas là. Il faut que leurs débats, empreints d'esprit pratique, instruisent la nation. Il faut que celle-ci sache que c'est à elle de veiller sur ses libertés.

Il faut enfin que de ces discussions résulte cet enseignement suprême :

Que toute loi fait partie intégrante de la Constitution; qu'on ne doit jamais se hâter de modifier la plus insignifiante; qu'on doit toujours le faire avec maturité.

Voilà une contradiction grave, me dira-t-on. Vous voulez que toute loi soit faite avec lenteur, et vous critiquez celle que mirent les constituants de 1854 à faire une loi aussi importante que la Constitution; et vous voulez que maintenant, en une séance, on adopte une Constitution ?

Pardon, répondrai-je. Toute loi doit être faite lentement, d'accord; mais les lois fondamentales ne doivent pas être si souvent changées. Quand on a commis cette imprudence, il faut avant tout sortir du provisoire. Com-

tout d'une pièce, les droits des citoyens doivent être sanctionnés de nouveau et sont souvent modifiés dans un sens ou dans l'autre.

Supposez une révolution radicale en Angleterre, il n'y aurait de lacune que dans ce qui se rapporte à une des institutions; les droits des citoyens y demeurent constamment immuables; les droits civils sont indépendants de la forme politique. Le passé tout entier du pays n'est pas arbitrairement regardé comme non avenu; cette fiction ne sert pas de prétexte à une dictature de tout point injustifiable, et que cependant nos révolutionnaires osent toujours s'arroger.

prend-on de longues discussions tant que le provisoire dure? Le pays peut-il les supporter?

Tandis que, quand l'ordre établi subsiste, les longues discussions, sans avoir aucun des inconvénients du provisoire, augmentent les chances de réussite.

Cela fait, il faut approuver, sans discussion non plus, en leur ôtant le titre absurde d'organiques, les lois que le gouvernement provisoire a promulguées. Quelques défauts qu'elles renferment, il faut les adopter, et avoir au plus tôt ce qui importe, une constitution définitive.

On poussera de tous côtés la Constituante à entreprendre les réformes les plus variées, et il est hors de doute que quelques-unes sont urgentes; mettons en première ligne la justice exacte, expéditive, à bon marché, et garantie par la publicité dans les journaux.

Il faut laisser dire les impatients, faire voir au pays les inconvénients de cette hâte, lui montrer combien il est dans son intérêt de savoir prendre patience et de laisser à chaque jour son œuvre. Tous les défauts de ces lois trouvent aisément et graduellement un remède tant que la représentation du peuple reste sincère.

La tâche de l'Assemblée pour cette session est plus que suffisante, et s'il est permis d'avoir une crainte, c'est qu'elle ne soit trop vaste.

Il est urgent qu'elle en vienne à l'ingrate mais utile besogne de faire le budget. C'est là toujours la mission principale d'un Parlement. Pour la bien remplir, il faut renoncer aux interpellations passionnées, aux attaques personnelles, au plaisir de voir un public ému assister à ces tournois parlementaires où, sous le dernier règne, les hommes se déconsidéraient à l'envi les uns les autres, et travailler le budget seuls, sans applaudissements, sans émotions, sans mouvements oratoires. Si la Constituante fait cela, avec un courage qui jamais ne se rebute, elle sera le premier Parlement sérieux qu'ait eu l'Espagne.

Mais, dans ces circonstances exceptionnelles, son premier devoir est de ne pas se laisser détourner de son but. République ou monarchie, tel candidat ou tel autre, qu'elle décide en conscience, selon les besoins du pays, et promptement si c'est possible; de toutes manières, l'intervalle qui s'écoulera entre les élections et la convocation de la Chambre doit être mis à profit pour tenter d'arriver à un accord sur ces points importants.

Qu'elle évite par-dessus tout de se faire l'instrument d'une faction.

Qu'elle agisse au nom de tous les Espagnols, des absolutistes comme des radicaux, des vainqueurs comme des vaincus, pour tâcher de les concilier, de les amener à des concessions mutuelles (1).

(1) Le Gouvernement provisoire aurait pu, ce nous semble, introduire dans la nouvelle loi électorale des dispositions analogues à celles qui assurent depuis l'année dernière la représentation des minorités au sein du Parlement britannique.

Chaque parti veut avoir — et finit par avoir — une part de souveraineté proportionnée à son importance relative dans le pays.

Ou bien il l'obtient simultanément avec tous les autres, par transaction, ce qui implique un état politique durable;

Ou bien chaque parti domine exclusivement tour à tour, ce qui implique des bouleversements.

Dans le premier cas, l'importance proportionnelle du parti se traduit par la part de pouvoir qu'il acquiert;

Dans le second, par le temps qu'il le possède.

On ne peut éluder cette loi.

Que la Chambre s'efforce donc d'amener une transaction, c'est-à-dire d'accorder à chaque parti la part de puissance qui lui revient; sans quoi, tôt ou tard, elle nous aura donné la guerre civile.

VII

SOLUTION

On s'étonnera peut-être que nous n'en proposions aucune. C'est qu'il y a quelque chose qui passe bien avant la forme politique et le choix des personnes.

Sans nous faire l'illusion de croire que l'on suivra nos conseils, il est de notre devoir de dire que la solution véritable serait le changement radical de nos mœurs.

Si nous étions aptes au *self government*, nous nous tirerions toujours d'affaire, sous la république ou la monarchie, sous un roi ou un président quelconques.

Il est vrai qu'alors nous ne serions pas où nous en sommes. Nous aurions su conserver notre unanimité dynastique, rendre la sincérité aux élections, influer également, par la résurrection de l'opinion publique, sur la Couronne et sur les partis.

Mais cela n'est plus en notre pouvoir; il faut nous contenter d'une compensation.

Si nous optons pour la monarchie constitutionnelle,

informons-nous donc de notre mieux touchant les candidats mis en avant. On sait combien les qualités personnelles de Guillaume d'Orange contribuèrent puissamment à fonder le gouvernement constitutionnel et le bonheur de l'Angleterre.

Et il ne suffira pas d'avoir su choisir le meilleur candidat, de lui avoir donné une très-grande majorité relative de suffrages : si on ne parvient à lui rallier toute l'Espagne ou à peu près, la guerre civile sera toujours probable.

Rallier toute l'Espagne au moment où l'on a introduit parmi nous des divisions nouvelles, c'est bien difficile.

Il vaut mieux alors, les Cortès une fois réunies et les maux du provisoire tempérés par une légalité reconnue, les subir quelque grands qu'ils soient, que de les aggraver encore par la précipitation.

Ce sera pour le pays une rude épreuve, et il aurait pu se l'épargner; mais, s'il la supporte avec courage, elle lui profitera.

Ce qui importe le plus, c'est de laisser à l'opinion le temps de se reformer, de redevenir compacte.

Proclamons bien haut qu'une révolution ou contre-révolution qui ne s'appuie pas sur cette unanimité, est un crime.

Tout est malheur dans un pays comme l'Espagne : l'armée mêlée à la politique est un élément de troubles ajouté à tant d'autres; elle se prononcera peut-être demain dans le sens le plus inattendu; mais comme l'opinion publique n'existe pas, comme les citoyens paisibles n'ont aucune organisation, l'armée demeure la seule force réelle; les situations qu'elle appuie sont seules stables, et nous lui devons exclusivement les intervalles de prospérité dont nous avons joui.

On voudrait aujourd'hui en finir avec son influence. Rien de mieux, à condition qu'on trouve une force qui la remplace. Cette force ne peut être que l'activité de la nation. Mais si celle-ci reste dans sa torpeur, les partis continueront à nous déchirer, et toutes les situations seront éphémères.

Prenons garde à ces deux écueils, l'agitation perpétuelle ou la domination du sabre. Souvenons-nous que, si, au lieu de Reine, nous avions eu un Roi capable de monter à cheval, le despotisme était assuré.

Sous la République, nous aurions simultanément l'agitation et le despotisme. Par ce que nous avons vu dans ces dernières années, nous pouvons juger de ce que seraient les ambitions, s'il devenait possible d'escalader le premier poste de l'État; l'histoire des républiques hispano-américaines est d'ailleurs éloquente.

Que ceux qui ne veulent pas d'un pareil avenir, s'appliquent à pénétrer jusqu'au cœur de la difficulté. Elle réside en ceci :

S'il est important, en temps ordinaire, de nommer un Parlement qui représente sincèrement la nation, dans les circonstances actuelles cela est mille fois plus important.

Que l'on s'entende, que l'on examine les candidats à la députation. Puis, que chacun vote selon sa conscience, sans se laisser intimider ni tromper, et que, bravant tout, on ne laisse pas passer sans la faire casser une seule élection suspecte.

Une fois la Chambre ainsi constituée, que personne n'aille, sous prétexte d'avoir contribué à élire tel représentant, le mettre dans la dépendance du ministère pour obtenir quelque misérable emploi.

Et ce que l'on fera aujourd'hui pour avoir une Chambre sincère, qu'on le fasse toujours.

Il ne faut rien de plus pour que nous soyons bien gouvernés, car cela résume tout; mais il le faut absolument.

Saurons-nous l'obtenir?

1er Décembre 1868.

Bordeaux. — Imprimerie générale d'Émile CRUGY, rue et hôtel Saint-Simon, 16.